Hippolyte Desprez

Questions sociales dans la Turquie d'Europe

Essai

ISBN : 978-1983884238

10 9 8 7 6 5 4 3 2 1

Hippolyte Desprez

Questions sociales dans la Turquie d'Europe

Essai

Table de Matières

INTRODUCTION

Le mouvement libéral parti de la France et communiqué à l'Europe entière, en accélérant celui qui, depuis quinze ans, s'accomplit en Turquie, n'en a point changé la direction. Les imaginations, frappées par le soudain éclat des événements, ont cru voir plus près d'elles le but de leurs espérances, mais ces espérances sont restées les mêmes. Les Moldo-Valaques et les Illyriens veulent aujourd'hui ce qu'ils voulaient hier ; ils veulent le développement littéraire et politique de leur nationalité rajeunie ; ils veulent la liberté et l'égalité civiles, et, ne pouvant obtenir ces bienfaits que par la ruine de l'influence russe sur les bords du Danube, ils luttent avec passion contre la prépotence du protectorat politique et religieux de la Russie.

Or, quels sont leurs ressources et leurs alliés ? Leurs ressources sont dans la richesse inépuisable de leur nature primitive et de leur civilisation naissante, dans leurs idées simples et droites, dans leurs vertus antiques, dont la rudesse même fait la vigueur. Leurs alliés, ce sont les principes puissants de justice qui remuent aujourd'hui la vieille Europe après l'avoir minée sourdement ; ce sont les événements significatifs qui tendent à renouveler non-seulement les bases de la constitution des états, mais aussi le code tout entier du droit des gens.

Les populations slaves ou roumaines de la Turquie d'Europe ont d'ailleurs un autre appui pour cette lutte périlleuse : c'est le concours des Turcs, intéressés à s'affranchir de la même influence russe qui, depuis Catherine II, pèse d'un poids si lourd sur les destinées de l'empire ottoman. Il y a longtemps que le sultan a cessé d'être un épouvantail pour ses vassaux et ses sujets, et a senti la nécessité impérieuse de gouverner par la clémence. Des animosités séculaires, des haines de race plus encore que de religion se sont ainsi calmées, après la guerre hellénique, à la faveur d'une politique conciliante. Les chrétiens n'ont pas tardé à reconnaître les bonnes intentions que l'intérêt et le devoir conseillaient aux musulmans, et l'union s'est accomplie au profit de tous, dans un sentiment de défense commune contre un ennemi commun. Les Turcs, trop souvent intimidés par la diplomatie russe et trop peu soutenus par la nôtre, n'ont point fait bruit de cette union ; mais les chrétiens, moins réservés, avouent hautement leurs sentiments et ne négligent point les occasions de donner aux Russes des preuves de défiance, aux Turcs des témoignages de leur dévouement politique.

Ce dévouement ne peut pourtant pas aller jusqu'au sacrifice des intérêts de la nationalité et des libertés publiques des deux peuples chrétiens du Danube. L'alliance, au contraire, n'existe qu'à la condition que les Osmanlis se prêteront à ce mouvement nécessaire et juste qui entraîne les Moldo-Valaques et les Illyriens vers l'avenir rêvé par eux. Nationalité et liberté, voilà les deux grands faits qui cherchent à se dégager du chaos des races et des lois, et dont la Turquie doit reconnaître la légitimité et seconder le développement. Son ascendant politique et son propre salut sont à ce prix.

Nous avons essayé d'exposer l'histoire de ces efforts obscurs ou éclatants par lesquels, d'un côté, les Illyriens, c'est-à-dire les Bulgaro-Serbes, les Bosniaques et les Monténégrins, unis de cœur aux Croates, aux Sclavons et aux Dalmates de l'Autriche ; de l'autre côté, les Roumains ; c'est-à-dire les Moldaves et les Valaques unis avec les Transilvains, les Bucovinois et les Bessarabes, tendent à la régénération de la race illyrienne et de la race roumaine. Il nous reste à dire quels sont leurs besoins et leurs vœux sociaux, ce qu'ils souffrent et désirent non plus comme peuple, mais comme hommes, de quelle manière ils entendent la propriété et la liberté civile, les principes fondamentaux de la vie individuelle et sociale. Ces questions de propriété et de société ont, dans la Turquie d'Europe, une importance de premier ordre, car elles dominent le sentiment de race, et, ajournées ou résolues, elles rapprochent ou éloignent, dans des proportions décisives, le danger que le mouvement des races peut faire courir un jour à l'empire ottoman. Il est donc urgent de les étudier, et les Turcs doivent, sans retard, s'apprêter à les résoudre, s'ils tiennent à ne pas rester exposés sans auxiliaires aux tentatives de la Russie.

La Turquie se trouve, en ce qui touche la propriété, dans une situation exceptionnelle. Si l'on néglige la principauté serbe, les riches et élégants boyards moldo-valaques, propriétaires privilégiés du sol de leur pays, puis quelques *cavaliers* ou *spahis* autorisés à lever la dîme sur des villages bulgares et rouméliotes, enfin les héritiers peu nombreux des anciens chefs de clan devenus grands feudataires en Bosnie, la population de la Turquie d'Europe n'est formée que de paysans qui cultivent partout la terre de leurs mains dans l'égalité de la misère. C'est donc avec des paysans que les réformateurs auront à compter, et, s'ils l'oubliaient, l'histoire contemporaine le leur rappellerait à chaque page. Ce sont les paysans de la Serbie, guidés par des paysans tels que George-le-Noir et Milosch, qui ont, de 1804 à 1812, donné l'exemple de ces insurrections de race à la suite desquelles on a vu revivre la vieille indépendance des Serbes. C'étaient aussi des paysans, ces hommes énergiques et dévoués qui, sous la conduite de Théodore Vladimiresco, en 1821, chassaient les princes fanariotes des deux principautés roumaines et rendaient la vie nationale aux cœurs engourdis de leurs boyards. Et qui ne sait combien il y eut de paysans parmi les chefs : eux-mêmes de la guerre hellénique : combien, arrachés à leurs champs, à leurs troupeaux, furent profonds et puissants dans les conseils d'où sortit avec ses lois la nationalité reconquise par leurs mains illettrées ! En un mot, les héros et les fondateurs qui ont illustré les insurrections dont la Turquie a été depuis cinquante ans le théâtre et la victime appartenaient à peu près tous à l'humble classe des paysans, et quiconque aura vu de près ces fières populations si rudement trempées par la misère, quiconque aura pénétré jusqu'au fond de leur conscience après avoir partagé les âpres difficultés de leur vie, n'hésitera point à déclarer que cette officine de patriotisme, de bon sens et de vertus nouvelles n'est pas encore épuisée.

La condition légale et morale des paysans est ainsi la grande affaire par le dénouement de laquelle la Turquie doit ou se perdre ou se régénérer, suivant qu'elle aura mérité leur haine ou gagné leur sympathie ; mais par quels moyens, par quels efforts, par quelle énergie inconnue la race qui gouverne l'empire pourra-t-elle, dans l'état d'impuissance où on la dit tombée, accomplir une œuvre de conciliation entravée à la fois par les souvenirs historiques, par l'opposition religieuse et par les haines de races ? Telle est la question à laquelle nous essaierons de répondre en exposant succinctement la législation actuelle de la propriété en Turquie, et en indiquant les réformes qui peuvent être introduites dans cette législation sans heurter ni les principes de la civilisation musulmane ni les intérêts des populations chrétiennes.

I – LA LÉGISLATION.

Le système social que les Osmanlis victorieux apportèrent en Europe n'était point, pour les populations vaincues par le cimeterre, aussi oppressif que l'opinion générale le prétend sur la foi des chroniques chrétiennes. Les Turcs, à l'opposé des races germaniques, normandes et hunniques, ne songeaient point à s'établir violemment sur le sol, à le partager entre eux, à attacher à la glèbe les cultivateurs devenus, comme le sol, une propriété du conquérant. Deux idées principales réglaient toute leur conduite : ou ils octroyaient aux peuples qui consentaient à se reconnaître pour vassaux des capitulations destinées à garantir les libertés et les institutions politiques du pays au prix d'un tribut collectif ; ou ils introduisaient dans ce pays, par insinuation plus que par force, leurs lois et leurs usages, en laissant d'ailleurs à ceux qui restaient chrétiens le droit de s'administrer librement au prix d'un impôt individuel et personnel, en compensation du service militaire non exigé des chrétiens. Enfin, si, dans plusieurs provinces et à la longue, les Turcs fondaient sous le nom de *ziamets* de grands fiefs et sous celui de *timars* des fiefs moins étendus en faveur des *spahis* musulmans, cette fondation n'entraînait point la servitude des cultivateurs ; elle ne les dépossédait point, elle ne les dépouillait point de leur droit de propriété viagère ou héréditaire ; elle ne les obligeait envers le tenancier du fief qu'au paiement de la dîme des produits. C'était une sorte d'impôt qui n'allait point directement jusqu'au trésor public, mais qui entraînait pour les spahis des charges militaires fort grandes en ces temps de guerre permanente, sans leur donner sur leurs paysans d'autre droit que celui de percevoir des dîmes. Cette institution, qui à l'origine n'était oppressive que par la différence de race et de religion entre le spahi et le paysan, est le seul élément d'aristocratie que la conquête ait introduit d'abord dans les lois sociales des Ottomans. Les conquérants vivaient d'ailleurs entre eux dans l'état de démocratie patriarcale, sous l'empire de la législation traditionnelle qu'ils avaient reçue des Arabes avec la parole du prophète.

Par quelle fâcheuse révolution ces principes de liberté municipale, d'égalité civile, de respect pour les droits établis et les coutumes locales, vinrent-ils aboutir à un système d'anarchie violente, d'aristocratie et d'absolutisme ? Le contact de l'empire grec avait suffi pour tout corrompre. Au moment où les guerriers de la race d'Osman prenaient possession de cette partie de l'Europe, les peuples dominés par les lois et par la civilisation byzantine gémissaient dans une inexprimable confusion d'idées et de lois, et la féodalité, toute-puissante chez les Grecs, déjà introduite chez les Albanais et les Bosniaques, avait à peine épargné la Moldo-Valachie, la Serbie et la Bulgarie. Là où les empereurs grecs avaient gouverné souverainement, toutes les notions du juste et de l'injuste, toutes les coutumes simples et primitives qui suffisaient à la vie de tribu, s'étaient altérées et avaient fait place à une législation pleine de raffinements, à une administration qui ne révélait que l'abus de la science et qui était vénale à tous les degrés. Le patronage slave y avait tourné en aristocratie héréditaire ; les paysans libres avaient été réduits à l'état de serfs. Ce triste empire d'Orient, qui du double héritage de la Grèce et de Rome n'avait su garder que les vices intellectuels et moraux de leur décadence, léguait à ses nouveaux maîtres, en changeant de mains, un dédale de lois confuses et oppressives, dans lequel leurs simples esprits ne pouvaient que s'égarer et trébucher à chaque pas. Trop peu avancés dans l'art du raisonnement pour démêler les sophismes sociaux, politiques, administratifs du Bas-Empire, trop peu éclairés pour ne pas être séduits par ces commodes traditions d'aristocratie et de vénalité dont ils trouvaient partout la trace, les Turcs en subirent promptement la pernicieuse influence. En même temps qu'ils adoptaient dans son esprit, sinon dans ses détails, le mode d'administration et d'impôt en vigueur parmi les Hellènes, ils reconnaissaient les privilèges des grands feudataires de la Bosnie, de l'Albanie et de l'Hellade ; enfin ils instituaient eux-mêmes peu à peu, sous le nom de *beglouks*, de vastes fiefs fondés sur le servage des paysans et qui encourageaient singulièrement les spahis possesseurs de *ziamets* et de *timars* à transformer leur droit de dîme en droit de propriété sur la terre et les personnes.

De là tous les maux qui ont affligé d'abord les populations rurales de la Turquie et qui ont réagi à la fin si douloureusement sur l'état de l'empire entier ; de là le pouvoir intolérable des pachas qui, sur les ruines des dernières municipalités, réunirent les attributions de fermiers de l'impôt avec celles de gouverneurs civils et militaires ;

de là enfin la licence des spahis et des begs, qui savaient s'entendre avec les pachas pour piller et vexer le raya privé d'appui. Persécutés jusque dans le sanctuaire de la famille, si sacré pour tous les peuples de l'Orient, les paysans n'avaient souvent d'autre recours contre la mort par le glaive ou par la misère que l'émigration dans les forêts et les rochers, où ils vivaient à leur tour de brigandage. Souvent même ils quittaient le pays pour aller s'établir en Autriche ou en Russie, à la recherche d'un peu de liberté et d'aisance qu'ils ne rencontraient pas toujours.

C'est en présence de ces désordres et de ces perturbations sociales qui menaçaient l'empire d'une ruine prochaine que Sélim et Mahmoud entreprirent de purifier l'administration en extirpant la vénalité des pachaliks et d'affranchir les rayas cultivateurs en exterminant les beglouks, malgré les janissaires eux-mêmes, sur le corps desquels il fallut d'abord passer. A défaut de résultats plus positifs, on peut dire que partout où les obstacles ont été écartés par ce douloureux procédé de l'amputation, l'ancien esprit de démocratie a reparu spontanément et que les municipalités détruites se sont reconstituées d'elles-mêmes ; il a suffi de laisser faire. Aussi tout s'est-il accompli sans unité et sans ensemble, et, si l'on excepte les principautés du Danube, il n'existe point véritablement en Turquie de législation de la propriété. A la place de lois écrites et régulières, il y a des usages, des coutumes et des faits confus, qui tiennent à la fois du régime du clan et de l'ancienne féodalité militaire, comme en Bosnie, et de la communauté slave, comme dans maintes localités de la Bulgarie et de la Roumélie. On trouverait aussi dans quelques régions montagneuses de la Macédoine des traces d'un état de choses encore plus incertain que l'on peut rattacher à la vie pastorale des premiers Osmanlis. Quant aux principautés du Danube, celles de la rive gauche, la Moldavie et la Valachie, sont sous le régime d'un code qui est un mélange de féodalité occidentale et de hiérarchie byzantine ; celle de la rive droite, la Serbie, jouit librement des bienfaits de la propriété individuelle sans compromis et sous l'empire respecté du droit commun.

Il y a au fond trois principes distincts : le principe musulman, qui a régné par la puissance de la victoire et de l'épée ; le principe slave, qui s'est conservé par la vertu des traditions chez les Bulgaro-

Serbes ; le principe romain, qui n'a pu être entièrement étouffé chez les Valaques. Le principe romain n'exclut pas l'aristocratie, tandis que le principe slave et le principe musulman, qui ont ensemble plus d'un point de contact, conduisent logiquement à la démocratie, pour peu qu'on les abandonne à leur libre développement. De là deux civilisations, deux sociétés très différentes : la société moldo-valaque, qui est aristocratique, puis la société illyrienne et musulmane, qui est anarchique en Bosnie, incertaine en Bulgarie, démocratique chez les Serbes.

L'aristocratie moldo-valaque n'est point une aristocratie de naissance, et elle ne dérive point, comme celle de la Hongrie par exemple, de la conquête ou d'une usurpation du territoire communal. La propriété a commencé sur la rive gauche du Danube, dans l'ancienne Dacie, par être romaine, individuelle, et l'aristocratie actuelle ne s'y est formée que par une importation du dehors, une imitation bâtarde de l'Europe féodale. En Moldo-Valachie, toute fonction publique, civile et militaire, donne la noblesse et un rang spécial dans l'une des trois classes de ce grand corps. Les rangs civils correspondent aux grades de l'armée, et sont personnels, par conséquent viagers. A la troisième génération, cette noblesse se perd avec les privilèges qu'elle donne, à moins de se renouveler par la possession de fonctions nouvelles qui naturellement lui sont d'un facile accès. Au-dessous de cette échelle à trois degrés, qui forme la boyarie, se trouve la classe assez nombreuse des descendants de boyards que les vicissitudes du mouvement social ont relégués en dehors des fonctions publiques et fait retomber ainsi dans une condition intermédiaire entre celle de la boyarie et celle des paysans corvéables. — Les boyards des trois degrés ont tous les privilèges de la propriété, égaux pour chacun, avec les privilèges inégaux du droit d'élection et d'éligibilité pour le parlement et l'hospodarat. Ils sont exempts de l'impôt direct et du service militaire. — Les fils déshérités de cette boyarie, petits propriétaires ou fermiers libres, sont tenus envers l'état à peu près aux mêmes charges que les paysans nés de paysans. — Les paysans moldo-valaques enfin, dont l'affranchissement a commencé vers le milieu du XVIIIe siècle, ne sont plus liés servilement à la glèbe : ils ont des droits civils et certains droits municipaux dans le sein de leurs villages ; mais, en vertu de la législation violemment imposée au pays par les Russes, en 1834, sans le concours des Turcs et sans l'assentiment réel de la nation, toute cette classe reste privée du droit de propriété libre. Les paysans sont fermiers à perpétuité d'une petite portion de la terre seigneuriale, et cultivent l'autre à titre de corvées ; l'une doit suffire à leurs besoins si modestes, l'autre enrichir le boyard et le mettre en mesure de rivaliser avec la Russie méridionale pour subvenir quelquefois aux vastes nécessités de l'Occident affamé. Le paysan fait mieux que d'alimenter l'oisiveté de la boyarie, il supporte à peu près toutes les charges de l'étal ; il paie l'impôt direct et sert dans l'armée nationale. Quel appui trouve-t-il par compensation dans le pouvoir public ? Aucun, sinon d'être jugé par les tribunaux, au lieu de l'être, comme en Autriche, par une juridiction domaniale. Encore faut-il ajouter que ces tribunaux se composent naturellement de boyards qui ne sauraient se dépouiller de l'esprit de caste, et qui ne sont pas toujours inaccessibles à la corruption. Telle est la société roumaine en Moldo-Valachie, riche, élégante et polie au sommet, mais misérable et souffrante à la base, assez éclairée pourtant et assez active déjà pour marcher de loin sur les traces des peuples de l'Occident et par les mêmes chemins.

Si nous franchissons le Danube, nous sommes chez les Illyriens, sous l'empire de la civilisation turco-slave. Nous avons devant nous la Bulgarie, la Serbie, la Bosnie, avec leurs coutumes et leurs lois distinctes, quoique la nationalité soit la même. La Bosnie est la plus attardée de ces trois provinces dans les voies du progrès ; la Serbie marche en tête, et la Bulgarie la suit à pas lents.

En Bosnie, après l'extermination des begs qui avaient établi l'uniformité du servage, la démocratie essaya de se reconstituer ; mais l'état de guerre permit aux chefs de tribus, aux capitaines, surtout à ceux qui étaient musulmans, de sauver du naufrage une partie de leurs privilèges terriens. S'il y eut des paysans assez heureux pour s'élever à la condition de propriétaires libres, il y en eut d'autres qui devinrent seulement possesseurs héréditaires ou viagers, d'autres encore qui ne purent briser les liens du servage, et en dernier lieu le sabre et le bon plaisir restèrent la loi suprême et le tribunal d'appel. En beaucoup d'endroits, il serait difficile aux paysans bosniaques de dire à quel titre ils cultivent, si c'est pour leur compte et en qualité d'hommes libres, ou si c'est pour le seigneur comme serfs. En Bosnie en effet, rien n'est défini, rien n'est assuré, ni le droit, ni le fait, ni le titre de premier occupant, ni les fruits du travail, ni les choses, ni les personnes. Tel est aujourd'hui paisible possesseur d'un champ dont le revenu, tout impôt payé, suffit à ses besoins ; survient un voisin mieux armé, tout change. Le serf peut d'ailleurs par la même méthode s'affranchir, ou diminuer de beaucoup le nombre et l'étendue de ses corvées. Il n'existe qu'un seul tempérament aux éventualités terribles de cet arbitraire : c'est le sentiment du patronage et de la clientelle qui a survécu aux anciennes traditions du clan. Dans la lutte ou dans l'animosité encore si fréquente des tribus, des villages entre eux ou avec l'autorité centrale, représentée par des vizirs de race ottomane, dans ces disputes et ces rivalités quelquefois sanglantes, les liens de solidarité se trouvent nécessairement resserrés et adoucis entre le chef qui a besoin de soldats et le paysan qui a besoin de protection pour se défendre contre des agressions ou probables ou actuelles.

La situation de la Bulgarie n'offre point les mêmes vestiges de la grande aristocratie terrienne et militaire. Tout ce qui pourrait ressembler aux privilèges des begs a disparu chez les Bulgares, plus à portée des coups du pouvoir central et d'ailleurs moins belliqueux, moins indociles, moins portés à la résistance que leurs voisins albanais et bosniaques. Les spahis ont seuls été tolérés ; encore est-il vrai que leur puissance matérielle ou morale a été complètement annulée par les réformes introduites dans la constitution militaire de l'empire. Au-dessous de cette classe déjà si restreinte des spahis, vous trouvez partout en pays bulgare les mœurs et les coutumes sociales de l'antique Illyrie. A coté du paysan propriétaire et chrétien qui paie tous les impôts, plus le *haratch* au gouvernement et la dîme au spahi, voici des villages qui possèdent la terre en commun. Le sol appartient, ainsi qu'aux temps les plus reculés, à la municipalité ; nul n'est propriétaire, mais tous possèdent. Ceci pourtant n'empêche point les transmutations de la terre, et en quelques endroits il est d'usage que tous les lots qui composent le sol d'un village se tirent an sort à des époques périodiques. Enfin, dans le cas même où l'autorité du spahi pèse sur des paysans autrefois asservis par la force et non encore entièrement émancipés aujourd'hui, ceux-ci trouvent du moins un refuge dans le sanctuaire des municipalités, qui, en se réorganisant, ont repris toutes leurs attributions de répartiteurs, de collecteurs de l'impôt et de dépositaires de la caisse des pauvres. Le jour où l'institution des spahis aurait enfin cessé d'exister et où le dernier obstacle au développement de la propriété libre aurait été ainsi écarté, il y aurait en Bulgarie tous les éléments d'une démocratie aussi régulière et aussi parfaite que celle qui règne dès à présent chez les Serbes.

Lorsque les Serbes, au commencement de ce siècle, se sont soulevés avec Tserny-George à leur tête, l'insurrection était dirigée contre les pachas et les spahis ottomans qui opprimaient le pays, soit comme administrateurs, soit comme propriétaires. Lorsque ces mêmes populations se sont donné une constitution sous Milosch Obrenowicz, elles l'ont fait en s'inspirant de leurs traditions, éclairées et fécondées par un rayon de lumière de la civilisation moderne. Milosch, dépourvu de toute instruction, mais non de bon sens ni d'éloquence, s'était d'abord laissé séduire entièrement par l'esprit de justice et d'égalité qui circule dans nos codes, et il eût voulu alors importer dans son pays et nos lois et jusqu'aux formes de notre jurisprudence. Si généreuse que fût son intention, il ne tenait pas assez compte de la simplicité primitive de ses concitoyens. Il fallait à la Serbie plus de fraternité, plus de solidarité, plus d'égalité réelle, plus de liberté politique que nous n'en avons eu jusqu'à présent chez nous ; il lui fallait aussi moins de fictions légales, moins de formules, moins de principes abstraits, moins de complications administratives ; en un mot, il lui fallait une démocratie plus naturelle et moins savante. Sitôt que Mahmoud, suppléant aux incertitudes de Milosch, eut compris les véritables vœux de la nation serbe, il l'aida lui-même à revenir aux traditions illyriennes, qu'il s'efforça seulement de perfectionner. Il se garda bien de laisser la propriété dans le vague du droit de communauté. Il reconnut quelle forte impulsion la poussait à devenir individuelle, et combien le pays avait à gagner à ce qu'une telle réforme s'accomplît irrévocablement Il fit donc de ce principe, nettement exprimé, le fondement du nouvel ordre social. C'est la base de la constitution donnée aux Serbes en 1838 et agréée par eux. Il n'existe point en Serbie de privilèges, point de classes ; tous sont de plein droit propriétaires, tous paient indistinctement à la municipalité et à l'état les impôts, qui sont répartis proportionnellement à la fortune supposée de chacun ; c'est la municipalité qui fait cette répartition, toujours facile dans les villages et les petites ville, surtout si l'on considère que la richesse consiste presque exclusivement en terres et en troupeaux. C'est aussi la municipalité qui lève sans frais pour l'état et qui transmet de même cet impôt des villages au chef-lieu de district, et de là au trésor central. La justice est la même pour tous ; il n'y a point de tribunaux exceptionnels. En un mot, tous les paysans sont propriétaires, libres civilement et politiquement, et l'on pourrait ajouter que, grâce à la simplicité des intérêts et des mœurs, tous les propriétaires sont paysans.

Tel est le caractère de la loi démocratique qui a succédé au système funeste des spahis ottomans. L'égalité ne trône pas seulement dans les codes, elle a passé aussi dans les faits ; elle est descendue des institutions dans les cœurs, ou plutôt elle est née d'un élan naturel et spontané de ces âmes si droites, d'où elle s'est répandue dans tout l'organisme social. On dirait une ombre de notre société moderne, une ombre plus parfaite que la réalité, une société idéale de paysans propriétaires qui cultivent de leurs libres mains un sol libre et n'ont point d'aristocratie au-dessus d'eux ni de domesticité au-dessous. Aussi la Serbie est-elle l'oasis de la Turquie d'Europe, la terre promise que saluent en rêve les paysans de la Bulgarie et vers laquelle marchent à tâtons, mais instinctivement, les Bosniaques. Musulmans et chrétiens, Osmanlis, Illyriens, se rencontrent dans le même sentiment. La démocratie des Serbes est en effet celle qui convient à ces peuples non encore arrachés véritablement à l'état de nature, et c'est de plus la législation qui dérive, par une conséquence logique, des anciens principes arabes vers lesquels les Osmanlis sont obligés de remonter, s'ils veulent retrouver le sens vrai de leur civilisation. Certes, cet esprit-là ne peut point avoir aujourd'hui de prise sur la société moldo-valaque, qui, par un commerce assidu d'intelligence avec les pays occidentaux et par la richesse de son aristocratie, est portée à désirer des lois plus savantes et ne peut plus être ramenée à l'égalité absolue de fortune ; mais, s'il est vrai que les législateurs éclairés de la Moldo-Valachie prennent et doivent prendre leurs inspirations chez nous, il est constant aussi qu'aucune des provinces slaves ne peut et ne doit ambitionner plus que ce qui existe avec tant de succès dans la principauté serbe. Le gouvernement turc pourra donc puiser, s'il le veut, dans ses propres traditions, renouées par Sélim et

Mahmoud, les idées fondamentales qui doivent le guider dans ses réformes sociales, et le seul développement des principes primitifs des Arabes lui suffira pour satisfaire à tous les griefs sociaux des paysans slaves de l'empire. En même temps les Moldo-Valaques, habiles raisonneurs, pourront, à la faveur de leurs libertés constitutionnelles, élaborer la réforme qui convient le mieux à leur condition et à leur génie politique, et, pour contenter leurs vœux, le sultan n'aura qu'à seconder leurs efforts.

II – LES REFORMES POSSIBLES.

Si les paysans de la Turquie sentent profondément la misère dans laquelle ils languissent par la faute des institutions sur un sol partout généreux et en beaucoup d'endroits encore vierge, ils ont pris, par bonheur pour leurs maîtres, dans ces souffrances héréditaires, l'habitude des privations qui adoucit pour eux les rudes épreuves de l'indigence. Voyez les Osmanlis, d'ailleurs si peu nombreux, qui peuplent le voisinage de Constantinople et les environs des grandes villes de la Bulgarie : ils sont de la race conquérante ; cependant ils partagent les charges communes et donnent à tous l'exemple de la résignation la plus patiente. A la vérité, ils vivent dans des conditions morales qui, en leur assurant un peu de liberté de plus, leur rendent l'existence plus commode. Si les objets de luxe, les divans, les tapis, les pipes élégantes, les armes recherchées ne se trouvent que chez les propriétaires privilégiés, tous ont du moins de quoi se vêtir convenablement et de quoi se bâtir une cabane soigneusement fermée aux regards indiscrets par des carreaux de papier et par une forte haie de bois sec. Derrière ces remparts se retranche la famille du paysan osmanli ; c'est un sanctuaire inaccessible où son unique femme vit dans la retraite du gynécée ancien, occupée des soins du ménage et quelquefois d'industrie domestique.

« Le plus heureux des mortels, dit le gendre du prophète, est celui à qui Dieu a donné un cœur content et une bonne femme. » Aussi le paysan qui a rencontré le contentement dans la famille est-il peu enclin à s'agiter pour des intérêts plus lointains, si toutefois la religion ni la patrie ne courent aucun danger. Il se replie donc volontiers sur lui-même ; il accomplit ses devoirs avec une ponctualité rigoureuse ; il travaille tout juste assez pour vivre conformément à ses goûts toujours modérés : le reste du temps, il le passe en conversations d'un caractère généralement grave, au café où les hommes aiment à s'assembler en commun au milieu d'épais nuages de tabac, ou en rêveries solitaires, du haut de quelque plate-forme d'où sa vue domine de vastes horizons. Mais, à moins d'événements solennels à l'occasion desquels sa foi et son patriotisme se réveillent, il n'accorde guère d'attention aux vicissitudes de la chose publique. Il n'a point de haines sociales comme dans les états où existe une forte aristocratie privilégiée ou une bourgeoisie opulente, maîtresse des capitaux et du travail. Il n'a point de haines politiques comme dans les pays où le gouvernement s'est séparé des populations laborieuses pour conduire les affaires dans le sens égoïste d'une caste ou d'un parti. Il aime l'antique dynastie d'Osman, née le même jour que la nation ; il aime ses chefs, sachant bien qu'il peut aspirer lui-même aux fonctions les plus élevées, et que l'accès d'aucune faveur ne lui est légalement fermé. Le paysan turc n'est point indifférent aux innovations par lesquelles les derniers temps ont été signalés ; il les approuve, puisqu'en qualité de travailleur il souffre de la misère générale du pays, et qu'en qualité de patriote il connaît les périls de sa race ; mais il n'est pas entraîné par les sollicitations de l'intelligence à prendre l'initiative ni des guerres sociales ni des révolutions politiques. Il sent peut-être qu'il n'y a point dans son pays de maux systématiques, et, plein de foi en la Providence, héritier de la résignation que les chrétiens de l'Occident ont de si bonne heure sacrifiée à la tentation des nouveautés politiques et religieuses, il attend avec patience que le bien se fasse de lui-même, par sa propre vertu.

Les paysans bosniaques sont moins qu'aucune autre tribu de la famille illyrienne éloignés des principes et des habitudes qui prévalent chez les Turcs. Seulement, divisés entre eux, attachés les uns au catholicisme, les autres à l'orthodoxie grecque, et un grand nombre à l'islamisme, partagés aussi par la diversité des clans, ils vivent dans l'état de guerre. Cultivateurs ou pasteurs, ils auraient le goût du travail au lieu de celui des armes, qu'ils rencontreraient en vérité quelques difficultés à le satisfaire. Le calme, la paix, la sécurité, sont inconnus dans leurs montagnes. Combien de fois, pour le moindre incident de la vie ordinaire, n'a-t-on pas vu toute la population en émoi, arrachée à la charrue, se soulever le fer et le feu à la main pour porter d'un village à un autre la ruine et la désolation ! Aussi le paysan bosniaque est-il voué à l'indigence la plus profonde. Dans les années heureuses, son robuste tempérament l'empêche de sentir toute l'étendue de ses privations ; mais les moments de disette, qui ne sont point rares, ramènent pour lui d'horribles souffrances, car de quel côté chercher le pain qui lui manque ? A l'est, les rochers et les plaines de la Serbie sont bien gardés ; au midi, l'Albanie est prête à repousser le brigandage par le brigandage ; quant à l'ouest et au nord, ils présentent à toute tentative d'agression l'obstacle mobile des colonies militaires de la Hongrie, qui, au moindre assassinat commis sur la frontière, répondent par d'immenses et victorieuses razzias en bonne forme. La physionomie du pays porte l'universelle empreinte de la terreur sous le poids de laquelle il gémit. En beaucoup d'endroits, les maisons ressemblent à de petites citadelles sombres et menaçantes ; des postes d'observation sont établis quelquefois dans les arbres, le long des chemins. Quiconque ose s'aventurer parmi ces populations, sans cesse armées pour attaquer ou se défendre, court à chaque pas le risque de payer cher sa témérité, à moins d'une connaissance préalable de la vie orientale et d'une simplicité d'esprit qui éloigne tout soupçon. Sur le fond de ce tableau lugubre, des femmes, rigidement voilées, passent ainsi que des ombres, et les rues des villes, comme les campagnes, ne sont guère traversées que par de sinistres figures, par des guerriers sauvages à la taille athlétique, au regard inquiet, et la main droite toujours appuyée sur une ceinture garnie de redoutables pistolets.

Bien que ce dénuement d'une part et cette humeur belliqueuse de l'autre semblent propres à donner aux vœux politiques des Bosniaques un caractère précis, il serait beaucoup plus difficile de les définir que ceux des Bulgaro-Serbes. Les Bosniaques se débattent, il est vrai, dans l'anarchie la plus douloureuse pour tous, paysans ou seigneurs ; mais ils sont tellement aveuglés par leurs haines mutuelles et ils croupissent dans un tel état d'ignorance, qu'ils sont incapables de comprendre leurs vrais besoins et de se concerter pour en obtenir la satisfaction. Ils n'en sont que

II – LES REFORMES POSSIBLES.

plus à craindre peut-être pour le gouvernement, qui est obligé quelquefois de recourir à de grandes expéditions armées pour les pacifier. Cet esprit d'insubordination qui ne formule point ses griefs, mais qui se manifeste à tout propos, perdrait pourtant beaucoup de sa vivacité, si le divan, sans promettre dès ce jour aux paysans bosniaques le droit commun des Serbes, s'occupait du moins de régler leurs rapports avec les seigneurs. Il ne s'agirait pas d'extirper d'un seul coup les dernières racines du système féodal ; mais on pourrait, sans porter trop d'ombrage à la susceptibilité des capitaines jaloux de leurs privilèges, transformer successivement la condition déplorable des populations laborieuses, les attirer par la reconnaissance ; et, après les avoir soustraites ainsi à l'autorité oppressive et malfaisante des seigneurs, on en finirait avec cette féodalité redoutable pour entreprendre la réorganisation du pays sur les bases de cette législation sociale que la Serbie possède et que la Bulgarie réclame. Toutefois les Bosniaques n'en resteront pas moins des retardataires dans le grand mouvement de progrès qui entraîne toute la nation illyrienne vers un avenir plein de mystère et d'attrait.

Les Bulgares et les Serbes, peuples belliqueux comme les Bosniaques, sont cependant plus pacifiques, grâce à une législation plus équitable. Lorsqu'on parcourt les vastes champs et les vertes vallées de la Bulgarie, les puissantes forêts des montagnes serbes, malgré la physionomie toute militaire des populations, on s'aperçoit bientôt que l'on est parmi des hommes simples, amis du travail et du repos. Ces rudes visages et cette fière stature cachent des sentiments d'une douceur qui tient de celle de l'enfant, et ces deux pistolets religieusement chargés, toujours à la ceinture, ne sont qu'un ornement inoffensif et un jouet viril. Les Bulgares, quoique laborieux par tempérament, les Serbes, quoique libres dans leurs travaux, ne visent point à la richesse. Entrez dans leurs modestes cabanes, elles se présentent d'abord sous un aspect sombre et triste, et avec une apparence de nudité qui ne séduit point. Souvent une large pierre est placée au milieu d'une vaste pièce ; c'est l'âtre sur lequel brûlent des sapins ou des chênes entiers dans les pays forestiers, et du fumier fortement garni de paille dans les endroits aujourd'hui déboisés par la faute de la nature ou par celle des hommes. Des bancs grossièrement travaillés règnent autour de ce foyer tout primitif, et plus loin, en face de la porte, se trouve le lit de camp sur lequel chacun se couche, près d'une table d'un pied de hauteur, pour prendre les repas, et où toute la famille s'endort le soir en commun. Qui que vous soyez, néanmoins, homme du pays ou voyageur inconnu, si vous vous présentez en hôte bienveillant, vous recevez sur l'humble seuil la plus simple et la plus cordiale hospitalité. Le chef de famille vous accueille avec une gravité aimable et ménagère des paroles ; il vous fait asseoir amicalement sur le banc de bois, tandis que la femme tire de l'armoire le flacon de *raki* et que les petites filles, vous prenant la main et y traçant d'abord deux croix en signe de fraternité chrétienne, la portent ensuite à leurs lèvres en signe de respectueux dévouement. Ce n'est pas l'humilité du paysan autrichien qui baise en s'inclinant jusqu'à terre la main dédaigneuse de son seigneur ; c'est la déférence de la jeunesse pour l'âge ou de l'hôte pour l'étranger ; c'est la religion, chez nous oubliée, de la vieillesse et de l'hospitalité.

La condition morale du Bulgare est la même que celle des Serbes ; mais, au point de vue politique, la différence est grande. Si les Serbes sont à moitié affranchis et libres chez eux, en respectant la suzeraineté du sultan, les Bulgares ne sont que des rayas non encore assez garantis contre la violence, les exactions, les avanies de toute nature. En Bulgarie, ce n'est plus le règne de la terreur, c'est encore celui de la crainte, et là où le travail, exploitant avec profit une terre féconde, devrait être entraîné par le penchant de la nature à de nouveaux efforts, il se trouve encore paralysé ou découragé par un sentiment de défiance, par les souvenirs du passé et par les incertitudes du présent. Plus laborieux que les Serbes, mais beaucoup moins libres, les Bulgares seraient bientôt la population la plus riche de la Turquie d'Europe, s'ils jouissaient d'une législation équitable. On conçoit aussi qu'il y ait une différence à faire entre les sentiments que les Bulgares et les Serbes nourrissent chacun de leur côté pour les Osmanlis. Les Serbes n'ont point contre le gouvernement turc de griefs irritants, et ils ont mille raisons politiques de lui rester dévoués, ne fût-ce que la crainte de tomber aux mains des Russes. Les Bulgares, au contraire, malgré la bienveillance que le divan leur témoigne et dont le sultan a voulu lui-même leur porter des preuves il y a deux ans, souffrent encore de la puissance des spahis, d'autant plus vivement qu'ils voient

II – LES REFORMES POSSIBLES.

les Serbes, leurs voisins, leurs frères par la langue, la religion et le sang, maîtres chez eux et en possession de lois démocratiques et nationales. Le spahi a été ramené sans doute en Bulgarie dans les limites de la modération ; il n'a plus son pouvoir tyrannique. Rarement il réside dans le pays : il n'y paraît guère que pour lever ses revenus, s'il ne le fait par procuration ; mais il existe, il aspire une partie de la richesse de la Bulgarie, tandis que les Serbes sont libres à la condition d'un faible tribut au sultan. Le contraste est trop frappant, les relations entre ces deux familles autrefois unies d'un même peuple sont trop suivies et d'un caractère trop amical, pour que les idées qui triomphent ainsi chez l'une n'agitent pas profondément l'autre. Les Bulgares portent donc un œil d'envie et d'espoir sur la constitution serbe ; c'est là l'édifice qu'ils voudraient à leur tour élever sur les ruines des derniers *spahilouks*. Cette réforme à la fois sociale et politique ne serait certes pas de nature à étouffer le sentiment de la nationalité, la sympathie de race qui intéresse le peuple bulgare au grand mouvement de l'illyrisme, dont le centre est dans la Croatie hongroise. Néanmoins cette législation nouvelle et nationale aurait l'avantage précieux d'enlever aux passions politiques les plus forts de leurs griefs, les arguments les plus propres à égarer la multitude. Au moment où les Serbes s'insurgèrent sous Tserny-George, ils se fussent contentés de la ruine des spahis et du droit de s'administrer, comme les Bulgares s'en contenteraient aujourd'hui. La question n'était que sociale, les résistances aveugles des Turcs la firent politique. Les Serbes songèrent alors à l'indépendance ; il ne leur fut point donné d'y atteindre, mais au moins en ont-ils approché d'assez près pour imposer des conditions aux Osmanlis et pour leur arracher, outre des lois démocratiques, le droit de s'administrer et de se gouverner eux-mêmes en restant tributaires. L'exemple ne serait sans doute pas perdu pour les Bulgares, le jour où ils viendraient à reconnaître que leur honnête patience a été mise à une trop longue épreuve.

Les principautés de Moldavie et de Valachie marchent par d'autres sentiers au même but. Grace au génie de cette race latine si facile à discipliner, les idées occidentales qui règnent souverainement dans les hautes régions de l'intelligence se sont répandues promptement par toutes les veines du pays jusque dans l'esprit des populations agricoles. L'Orient leur a donné l'empreinte de sa gravité traditionnelle, il ne leur a point imposé ses mœurs ni ses usages. Le paysan roumain ne ressemble peut-être que par un seul côté aux autres paysans de la Turquie d'Europe : il sent le besoin de la liberté sans éprouver celui du bien-être et du luxe ; mais, placé entre un présent douloureux et un avenir incertain, après un effort d'enthousiasme, il s'affaisse volontiers dans le découragement. Les cultivateurs moldo-valaques ont sans doute gagné beaucoup à la paix qui règne depuis quinze ans chez eux. Naguère encore leurs cabanes n'étaient que des huttes souterraines, et aujourd'hui, ils sortent petit à petit comme du sein de la terre. Toutefois ils ne le font qu'en regardant, en quelque sorte, avec inquiétude autour d'eux à tous les points de l'horizon, pour bien s'assurer qu'un nouvel ennemi ne viendra pas mettre leur maison au pillage. Les villages, assez rians sur les bords du Danube, plus sombres dans les vastes plaines du centre, sont, par malheur, fort disséminés, et les bras manquent partout à la terre. Cependant, à l'exception des steppes, qui ont la tristesse du désert, le pays n'est point dépourvu d'animation ni d'agrément. Par contraste à cette vie de famille, à ce respect des dieux pénates qui est une partie importante de la religion des Turcs et des Illyriens, au lieu d'être esclave et séquestrée, la femme règne au foyer roumain ; elle en fait librement les honneurs. Le mari ne songe nullement à la cacher aux regards curieux et charmés du visiteur inconnu, et, comme elle sait la puissance pénétrante des femmes de sa race, elle manque rarement de paraître pour recueillir d'humbles hommages. Le paysan roumain n'a rien de méchant ni de rancunier ; il est inaccessible à tout sentiment de vengeance, et dans les grandes époques où il eût été en position d'exercer sur ses boyards des représailles sociales, comme en 1821, il s'est contenté de les parodier, en imitant leurs manières, leurs vêtements, leur langage, et en exposant leur mollesse à la risée publique.

Il n'en faudrait pas conclure qu'il n'y ait point, en Moldo-Valachie, de questions ni de haines sociales. Le paysan moldo-valaque, avec son vif esprit, n'ignore pas qu'il est accablé plus que de raison et qu'il a droit au mieux. S'il n'est pas armé, ainsi que le Serbe et le Bosniaque, s'il n'a point la même habitude de la violence, il est, en revanche, plus prompt peut-être à céder aux impressions du dehors ; il touche de plus près aux états agités par les idées sociales, la Hongrie et la Pologne ; enfin, son attention est plus naturellement ouverte à tous les bruits de réforme qui, du fond de l'Occident, retentissent jusque sur les rivages de la mer Noire. Cette humeur pacifique du paysan roumain ne saurait donc être pour les boyards la garantie d'une paix perpétuelle, qui leur permette de s'endormir commodément sur leurs privilèges. Il n'est pas un seul point de la Turquie d'Europe où le progrès ait des chances de marcher plus vite, et où, par conséquent, il y ait plus de danger à maintenir les barrières qui l'entravent ou le gênent. Que les idées viennent de la France démocratique, qu'elles viennent de la Hongrie émue ou de la Pologne frémissante, elles menacent d'éclater, si les boyards ne s'étudient dès à présent à conjurer par des concessions nécessaires un péril très prochain.

Or, quelles seraient ces concessions ? La Pologne et la Hongrie libérales peuvent en ce moment même l'enseigner aux Moldo-Valaques, leurs voisins. Il s'agit, d'une part, de reconnaître le paysan pour propriétaire libre du sol, dont il n'est aujourd'hui que le fermier, et, de l'autre, d'abolir ce privilège honteux par lequel le boyard, comblé des bienfaits de la loi, est le seul qui n'en supporte pas les charges, le seul qui ne doive point à l'état l'impôt direct. L'une de ces mesures est de nécessité urgente. Oui, il est possible et il faut, sans retard et sans regret, que les boyards moldo-valaques sacrifient à la prudence et à l'équité leur exemption de l'impôt. C'est un sacrifice indispensable et profitable, à l'aide duquel ils éloigneront de leurs têtes des griefs trop légitimes et pourront seconder par des travaux d'utilité publique la fertilité de leurs champs. C'est un capital placé à un taux inconnu, mais immense. Ils ne sembleront qu'acquitter une dette, ils s'enrichiront. Quant à déclarer par une résolution immédiate leurs paysans propriétaires et à les dégager de toute prestation en nature, ils ne peuvent se priver si brusquement de la main-d'œuvre gratuite sans que la culture de leurs domaines n'ait tout d'abord à en souffrir. Le travail des corvées est certes un travail peu productif, et l'on a calculé que le temps s'y gaspille dans la proportion de quatre-vingts jours pour cent ; mais tout autre travail est actuellement incapable de suffire aux nécessités du pays, et les cultivateurs, devenus maîtres chez eux, satisfaits de tirer de quelques arpents de terre assez pour vivre à l'aise, n'éprouvant pas encore le besoin du luxe, ne mettraient peut-être guère d'empressement à labourer, même à bon prix, la terre du boyard. Les boyards sont donc, dans une certaine limite, autorisés, en vue d'un intérêt qui est à la fois public et privé, à demander qu'on leur donne le temps de se prémunir contre les inconvénients du travail libre. Ils sont autorisés à demander des délais pour cet affranchissement complet de la classe agricole, à la condition qu'ils commenceront, sans hésiter, l'œuvre de réforme et prendront l'engagement formel de marcher de degrés en degrés à ce but suprême de l'égalité civile. Il n'est point, pour les deux principautés roumaines de la Turquie d'Europe, d'autre moyen d'échapper au débat anarchique des problèmes sociaux si rudement posés naguère par les paysans de la Gallicie. L'avantage ne serait pas seulement d'éviter des maux présents, ce serait aussi et surtout de préparer à l'avenir des voies faciles et magnifiques, de donner une vivifiante impulsion à la fécondité du sol, et enfin de réunir et de resserrer, par le rapprochement des classes, cette nationalité roumaine qui n'a besoin que d'union pour marcher bientôt au pas des idées de l'Occident. C'est le devoir et ce sera l'honneur des patriotes roumains d'y pourvoir, et s'il est vrai que l'intérêt roumain soit aussi l'intérêt ottoman, s'il est vrai que la Moldo-Valachie puisse être le boulevard de l'empire du côté des Russes, s'il est vrai que la Turquie soit à deux doigts de sa perte dès que les deux principautés sont faibles et envahies, il est naturel et il est nécessaire que le sultan seconde ce mouvement social et politique de toute la puissance que lui laisse encore son droit de suzeraineté.

La position des Osmanlis en face des deux peuples qui habitent les deux rives du Danube est nette et claire, malgré des complications apparentes. La Turquie est assurément placée dans la nécessité de tenir compte de tous les faits particuliers à ces deux civilisations bien distinctes et du génie propre à chacune des deux races illyrienne et roumaine ; mais la question se simplifie d'elle-même. Il existe, en effet, dans la Romanie un parti très éclairé et très dévoué aux Turcs, qui, possédant sur tous ces problèmes de réforme des idées arrêtées, n'a besoin pour les faire triompher que d'être appuyé par le divan auprès des princes de Moldavie et de Valachie. Quant aux populations illyriennes, il s'agit seulement de les conduire pas à pas vers cet état social, vers cette démocratie positive et pratique dont la Serbie goûte les bienfaits, et qui s'accorde si bien avec les principes primordiaux de la civilisation musulmane. À la rigueur, il n'est pas besoin que l'organisation politique de la Bosnie et de la Bulgarie soit la même que celle de la principauté serbe ; il n'est pas indispensable que les Bulgares et les Bosniaques soient dès à présent gouvernés par des princes nationaux. Il n'est question encore que de réformes dans la législation de la propriété et dans les institutions municipales, sans lesquelles la liberté individuelle n'est qu'un mot vide de sens. Si le sultan voulait un jour faire plus, s'il voulait donner à la Bulgarie et à la Bosnie des princes ou *knèzes* nationaux pour remplacer les pachas, et constituer ainsi une fédération dont Constantinople deviendrait le centre et la tête, ce serait un acte hardi qui ne manquerait ni de grandeur ni de sagesse ; mais, avant toute autre réforme, il importe, il est urgent que la condition sociale des paysans soit partout et promptement améliorée, ou, pour mieux dire, transformée d'après les principes de la propriété individuelle et de la liberté civile.

C'est là pour les Osmanlis une question de vie ou de mort : inactifs, ils tombent en ruine, entièrement pour cette fois ; hardis et audacieux au besoin, ils peuvent encore jeter dans le monde un éclat inattendu. En effet, s'ils acceptent cette mission élevée de réformateurs, ils ont partout sous la main des éléments généreux et neufs que le temps a jusqu'à ce jour tenus en réserve dans leur sève primitive, de jeunes nations chez lesquelles la vie travaille et déborde. Donnez la justice à ces cœurs qui en ont soif, la lumière à ces yeux qui la cherchent ; soyez un homme, un vrai fils de la nature, non point un froid raisonneur embarrassé dans les sophismes de l'école, mais un penseur affranchi du joug des systèmes, capable de plaire aux imaginations par votre langage ; sachez revêtir vos lois nouvelles de ce prestige de grandeur si cher aux Orientaux, et d'un seul geste vous susciterez du fond de ces masses, en apparence inertes, toute une explosion de sentiments, d'idées et de vertus, peut-être impossibles aujourd'hui dans notre monde raffiné. A vrai dire, les populations marchent d'elles-mêmes vers ce grand but, si quelque calamité imprévue ne vient pas les arrêter dans leur généreuse ambition. Que la Turquie résiste, elle s'écroule ; mais que, s'élevant à la hauteur de sa tâche, elle entre ouvertement dans les voies de la réforme sociale pour arriver à la réforme politique, elle reste à la tête de ce grand mouvement par lequel l'Europe orientale va se rajeunir et se transformer. Le danger des questions de races se trouve du moins ajourné ainsi pour quelque temps, car les peuples n'ont plus pour chercher trop promptement l'indépendance le terrible prétexte de la misère.

N'est-ce point trop préjuger de la force et de l'intelligence des Turcs que de les supposer capables de donner l'impulsion décisive à une entreprise d'une portée aussi étendue ? Suivant l'opinion la plus accréditée, ce serait un peuple épuisé ; le principe dominant de sa législation l'attacherait à l'immobilité systématique ; le progrès paraîtrait à ses yeux une impiété, et l'amélioration du passé un crime de lèse-majesté divine. S'il en était ainsi, reconnaissons-le du moins, l'autorité de ces préjugés ne serait pas telle qu'on ne pût fort bien les braver, puisque Sélim et Mahmoud ont osé s'en affranchir. N'ont-ils pas brisé ouvertement avec les traditions de la foule ? et n'ont-ils pas fini par l'entraîner à leur suite à des progrès que leurs ennemis déclaraient impossibles ? Quelle était à cet égard la pensée de Mahmoud ? C'est que les obstacles semés partout devant ses pas venaient beaucoup moins des croyances religieuses que des fatalités historiques, et que le salut de l'empire chancelant exigeait, non pas la suppression, mais seulement un nouveau commentaire du Koran.

Pour peu que l'on étudie la loi musulmane, on s'aperçoit bientôt, contrairement à toutes les idées reçues, qu'il n'existe en Turquie ni de pontificat, ni de théocratie, ni d'autre pouvoir absolu que celui du Koran. Or, ce pouvoir absolu n'a point de sanction terrestre, car il n'y a point d'église infaillible pour interpréter le dogme, et quiconque lit la loi avec droiture peut, au bout du compte, la comprendre de telle ou telle manière sans cesser pour cela d'être orthodoxe. Quoi donc de moins tyrannique que le despotisme du Koran ! quoi de plus accommodant et de plus susceptible de se prêter à toutes les transformations politiques et religieuses vers lesquelles la liberté et la philosophie nous poussent aujourd'hui ! Objectera-t-on que les Osmanlis individuellement et collectivement manquent de cette curiosité animée qui donne le désir et le moyen d'apprendre, et qu'ils ne possèdent pas ces sentiments expansifs par lesquels la connaissance acquise est portée à se communiquer ? Sans doute, les Turcs n'ont point l'aptitude variée, universelle, dont les Arabes firent preuve dès l'origine de l'islamisme ; ils n'ont pas l'intelligence remuante et hardie des Hellènes, la vivacité des Roumains, le sens droit et positif des Bulgaro-Serbes, ni le génie chevaleresque des brigands de la Bosnie et de l'Albanie ; ils n'ont pas la promptitude de ces peuples pour saisir les idées ni leur activité pour les répandre ; mais ils ne sont pourtant point indifférents aux progrès de la science, aux découvertes modernes, et, sitôt que la vérité leur arrive dépouillée de l'attirail de formules abstraites dont nous manquons rarement de l'affubler, ils la reconnaissent et l'acceptent.

Que les Roumains, les Hellènes, les Illyriens, les Albanais, rayas ou vassaux des Osmanlis, aient donc confiance en l'avenir. L'islamisme ne leur est point hostile ; s'il le fut naguère dans l'ardeur de la victoire et par la rudesse des temps, il se rappelle aujourd'hui sa véritable origine hébraïque et chrétienne ; il pratique la tolérance qu'il a toujours prêchée, et il n'est pas tout-à-fait inaccessible aux idées venues du dehors. La nature calme et rêveuse des Osmanlis peut être un retard à l'émancipation des peuples, ce ne sera point un empêchement insurmontable.

Non, la race ottomane, vue de près sans parti pris, n'est point cette horde barbare que l'on se plaît à nous dépeindre comme essentiellement aveugle, intolérante, ennemie de toute lumière, pétrifiée enfin dans l'immobilité par la théocratie et la superstition. C'est par suite de préjugés et d'erreurs qu'ils ont reçus en héritage des fils des croisés que les fils de Voltaire ont quelquefois aussi tenu ce langage si peu équitable et si peu vrai. Ah ! sans doute, lorsqu'un peuple tombe, la cause en est d'abord en lui-même, qu'il s'appelle ou Turquie ou Pologne ; c'est, avant toute autre raison, par son injustice et par ses fautes qu'il périclite ou s'écroule : intelligent et juste, il eût triomphé de l'impossible. Mais il n'est pas légitime, ainsi qu'on le fait sans scrupule à l'égard des Osmanlis, d'attribuer toutes leurs calamités à leurs vices, à leur incapacité politique, en oubliant de dire pour combien les maux du dehors ont pesé dans cette décadence, pour combien la Russie durant tout un siècle, et récemment la France et l'Angleterre avec toute l'Europe, moins peut-être l'Autriche, ont travaillé à cette vaste ruine. Si l'empire a pu résister à tant de ruses et à de si grandes forces, et s'il a su, au milieu de ces orages, entreprendre une réforme qui, sans être complète, n'a pourtant point encore échoué, n'est-ce pas une preuve de sa vitalité même ?

Comment la race turque a-t-elle réussi, à la suite de si graves vicissitudes, à pacifier l'Albanie, qui avait dans tous les temps vécu d'insubordination et de brigandage ? Comment a-t-elle retrouvé la confiance des Hellènes de la Roumélie, malgré le voisinage de la Grèce indépendante ? Comment a-t-elle pu reconquérir la déférence et l'appui des Moldo-Valaques, la parfaite amitié des Serbes, alors même que les uns et les autres se remuaient le plus activement dans l'intérêt de l'émancipation slave et roumaine ? Enfin, par quelle influence les laborieux Bulgares et les Bosniaques intrépides, illyriens comme les Serbes et bien moins favorisés, sont-ils redevenus sinon tout-à-fait calmes, au moins patients ? Si l'effroi inspiré par la Russie aux jeunes populations chrétiennes de la Turquie d'Europe peut expliquer en partie ce mouvement concentrique qui les attire vers la suzeraineté musulmane après une crise d'où leur indépendance complète pouvait sortir, il ne l'explique pourtant qu'à demi. Il convient aussi d'en chercher les causes dans les efforts libéraux et généreux que les Osmanlis ont tentés à plusieurs reprises pour adoucir le joug des rayas, pour faire appel à la conciliation, pour s'élever par des mesures équitables à la hauteur d'une situation vraiment terrible, pour entrer à la suite de l'Europe civilisée dans les voies du progrès. Les Turcs n'ont pas une notion très précise du juste et de l'injuste ; ils en ont cependant le sentiment et l'amour, et c'est par là que, peu nombreux et faibles, ils ont néanmoins ramené leurs sujets, à notre insu, à des pensées de paix et d'union qui dominent jusqu'au grand mouvement national de la Romanie et de l'Illyrie. Le présent fournit ainsi quelques raisons d'espérer pour l'avenir.

Placés dans l'alternative de progresser ou de périr, les Turcs ne peuvent ignorer que le mouvement des races leur échapperait encore et les entraînerait dans de nouvelles vicissitudes, s'ils ne savaient le tempérer par des concessions faites à propos. Ils comprennent, en présence de l'esprit envahissant des populations chrétiennes, qu'ils ne peuvent se maintenir longtemps au gouvernement du pays que par l'ascendant de la force morale. Ils voient enfin que, du pas dont marchent les événements sur les bords du Danube, avec la perspective de nouvelles agitations nationales et sociales en Hongrie et en Pologne, ils sont obligés d'avancer par un élan

II – LES REFORMES POSSIBLES.

hardi, sous peine d'être écrasés par l'orage qui gronde à l'horizon. Que leurs hommes d'état, fidèles à la pensée de Mahmoud et à la politique conciliante et progressive qui a prévalu sous le règne de son fils, recueillent donc tout ce qu'il y a de souffle et d'énergie dans la race et dans la civilisation musulmanes pour tenter ce nouvel effort qui décidera des destinées des Osmanlis en les associant, au lieu de les opposer, à celles qui s'annoncent pour les Moldo-Valaques et les Illyriens. Le concours intelligent et chaleureux de la France ne saurait manquer à cette politique favorable à la fois à l'équilibre européen et à la régénération de l'Orient ; il est déjà promis aux partisans du progrès à Constantinople, et nous aimons à croire que la promesse sera tenue. C'est un encouragement, un moyen d'action de plus pour les Turcs, et, à mesure que leurs devoirs s'étendent, leur tâche semble ainsi devenir plus facile.

ISBN : 978-1983884238